AF343286

ALLOCUTION

pour la

BÉNÉDICTION NUPTIALE

DE

M. Alphonse BILLAUD

et de

Mlle Marguerite-Adèle MEUNIER

Par M. l'Abbé REBRIOUX

Aumônier Militaire du Polygone de Bourges

BOURGES

IMPRIMERIE HIPPOLYTE SIRE

2, RUE DES ARMURIERS, 2

1880

ALLOCUTION

pour la

BÉNÉDICTION NUPTIALE

DE

M. Alphonse BILLAUD

et de

Mlle Marguerite-Adèle MEUNIER

Par M. l'Abbé REBRIOUX

Aumônier Militaire du Polygone de Bourges

———— ·›››✳‹‹‹· ————

BOURGES

IMPRIMERIE HIPPOLYTE SIRE

2, RUE DES ARMURIERS, 2

———

1880

ALLOCUTION

EN L'ÉGLISE CATHÉDRALE DE BOURGES

(Chapelle de la Ste-Vierge)

LE MARDI 25 NOVEMBRE 1879

MONSIEUR ET MADEMOISELLE,

DIEU est le centre de tout.

C'est la vertu de Dieu qui fait les hauteurs, c'est le vide de Dieu qui creuse les abîmes.

Avec Lui, toute institution prospère ; sans Lui, toute institution s'écroule.

Ne soyons donc pas étonnés si le mariage, cette grande et auguste institution, fondement de la famille et de la société, doive avant tout reposer sur Dieu.

Le Christianisme, au moins, l'entend de la sorte. C'est Dieu, enseigne-t-il, qui, dans la parfaite innocence du Paradis

terrestre, donna solennellement la première bénédiction nuptiale aux premiers
auteurs du genre humain. C'est le Fils de
Dieu qui, après les abaissements des temps
païens, restaura dans son sang et dans sa
grâce le mariage et lui rendit son éclat
originel. C'est la sainte Église de Dieu
qui, depuis dix-neuf siècles, le garde encore et en sauve l'honneur, en y mettant
au besoin la main de ses papes et la tête
de ses martyrs.

Aussi, avec quelle douleur poignante et
quel mortel effroi, en nos jours malheureux, entendons-nous la voix néfaste des
sophistes pousser les hommes à des al-
liances sans Dieu ! Hélas ! quels maux ces
insensés destinent aux familles ! quelles
ruines ces démolisseurs préparent à la
société ! On ne rejette pas en vain la pierre
angulaire d'un édifice aussi sacré ; on ne
le bâtira jamais, quoi qu'on dise, avec ces
pierres branlantes qu'on appelle des inté-
rêts, de l'argent, du plaisir ou du caprice :
demain l'édifice jonchera le sol de ses la-
mentables débris. On fera du divorce, soit !

c'est-à-dire de la désunion, du déshon-
neur, des larmes brûlantes, du désespoir,
du scandale, du vice, de la souillure; mais
de l'union, de la paix, de l'amour, des
affections immortelles, du respect, de
l'honneur, du courage pour ce monde et
de l'espérance pour l'autre, toutes choses
qui sont le brillant apanage du mariage
chrétien, non, jamais ! Dieu, Dieu seul
peut réaliser cette merveille : Dieu, qui
est la pierre fondamentale, *hic lapis* ;
Dieu, Être éternel, immuable, qui unit
tout, qui rapproche tout, tandis que
l'homme, être d'un jour, être inconstant,
qui passe comme une ombre et s'écoule
comme un flot, ne sait que désunir et
disperser : *Quod Deus conjunxit, homo
non separet.*

Il faut donc Dieu entre ces deux cœurs
qui ne doivent plus faire qu'un seul cœur.
— Il faut Dieu entre ces deux âmes qui
ne doivent plus faire qu'une seule âme. —
Il faut Dieu entre ces deux corps qui ne
doivent plus faire qu'un seul corps. —
Il faut Dieu entre ces deux vies qui ne

doivent plus faire qu'une seule vie : *jam non duo, sed una caro.*

Il faut Dieu entre les joies des époux, pour qu'elles soient plus saintes et plus durables ; il faut Dieu entre leurs peines, pour qu'elles soient moins accablantes et mieux portées ; il faut Dieu entre leur travail pour que son fardeau soit plus léger et ses sueurs plus bénies ; il faut Dieu entre leurs sacrifices, pour qu'ils soient acceptés sans murmure et partagés avec bonheur.

Ah ! qu'il est beau le mariage chrétien reposant ainsi sur Dieu ! Tertullien, lui-même, ce sombre génie de la primitive Église, n'a pu s'empêcher, en un style ravissant, d'en célébrer les charmes. Sa plume de fer s'attendrit et laisse couler des larmes de joie. Ecoutez-le : « Quelle » alliance que celle de deux chrétiens » portant le même joug, réunis dans une » même espérance, dans une même disci-» pline, dans une même servitude ! Tous » deux ils sont frères, tous deux serviteurs » du même Maître, ne formant qu'un seul

» esprit aussi bien qu'une seule chair. Ils
» prient ensemble, ils jeûnent ensemble,
» s'instruisent et s'encouragent l'un l'autre
» et se supportent mutuellement. Ils sont
» ensemble dans l'église de Dieu, ensem-
» ble au banquet divin. Nul secret à se dé-
» rober ni à se surprendre l'un à l'autre.
» Ils n'ont pas à se cacher l'un de l'autre
» pour visiter les malades et assister les
» indigents. Leurs aumônes se font sans
» dispute, leurs sacrifices sans scrupule,
» leurs pratiques sans entraves. Ils font
» résonner ensemble les hymnes et les
» psaumes; leur unique rivalité, c'est à
» qui chantera le mieux les louanges du
» Seigneur. »

Telle est aussi, n'est-ce pas? Monsieur
et Mademoiselle, l'union que vous avez
rêvée, une union selon Dieu; et c'est pourquoi, à cette heure, rayonnants l'un et
l'autre des plus légitimes espérances, sous
les regards émus de tout ce que vous avez
de plus cher au monde, vous accourez
vers l'autel, vous voulez remettre vos ser-
ments entre les mains de Dieu.

Oh ! Dieu bénira cette union ! Et pourrait-il en être autrement ?

Vous, Monsieur, malgré votre modestie, souffrez que je le dise bien haut, n'êtes-vous point avant tout un homme selon Dieu ?

Un homme selon Dieu, c'est un homme de *caractère*. « Personne n'a plus de caractère dans ce temps », s'écriait jadis un de nos infortunés penseurs, « et par une bonne raison, c'est que des deux éléments qui composent le caractère, une volonté ferme et des principes arrêtés, le second manque et rend le premier inutile. » Certes, Monsieur, vous n'en êtes pas là. Élevé dans les immuables principes de la foi, entre une mère profondément chrétienne et deux sœurs qui sont deux modèles des plus douces vertus, vous avez tenu à honneur de demeurer toujours fidèle aux saintes croyances de votre berceau. C'est votre meilleur trésor, et vous désirez le garder. Vous ne pensez pas qu'un homme de caractère doive sacrifier jamais à ce misérable et honteux fétiche du jour... le respect humain. Non, ce qu'il vous faut, à vous, c'est le sentiment passionné du devoir, c'est le culte généreux du drapeau et de la cause catholique. Aussi, après nos désastres, ne fûtes-vous pas, à côté de jeunes gens d'élite, un des premiers soutiens et l'un des premiers modèles de cette Œuvre admirable qui se fonda dans notre cité, pour rallumer le patriotisme et la foi au cœur de la jeunesse française ? Continuez, Monsieur, gardez toujours vos religieuses convictions et votre noble caractère !

Un homme selon Dieu, c'est encore un homme de *bien*. Si Dieu nous a placés sur la terre, ce n'est pas pour y rêver le Ciel, c'est pour l'y mériter. Voilà pourquoi le chrétien répète volontiers ces strophes viriles qu'un poète étranger chantait au splendide matin de sa jeunesse : « Ne dis » pas dans des sentences mélancoliques : » La vie n'est qu'un rêve inutile. Non, la » vie est réelle, la vie est ardente... Jouir, » souffrir, n'est pas notre destin. C'est » agir, le cœur dans sa poitrine, Dieu au-

» dessus de sa tête ; c'est achever une
» œuvre, en prendre une autre, toujours
» prêt au travail et au bien, et plein d'es-
» poir ! » La vie, Monsieur, vous la com-
prenez de la sorte. Vous voulez vivre,
comme vous avez vécu jusque-là, en n'éten-
dant jamais d'un pouce l'empire du mal
sur la terre, mais, au contraire, en éten-
dant les limites sacrées de l'empire du
bien ; vous voulez vivre dans les joies
austères du travail ; vivre en donnant à
Dieu et aux hommes les années de votre
jeunesse et les années de votre déclin ;
vivre en vous dépensant chaque jour, selon
vos forces, dans les saintes luttes de la
justice et de la vérité ; vivre en vous faisant
toujours le protecteur du faible, le conso-
lateur du pauvre et le défenseur de l'op-
primé ; vous voulez, en un mot, passer
parmi vos semblables, comme notre éternel
et adorable Maître à tous, Jésus-Christ,
en leur faisant le bien. Ah ! Monsieur,
quel honneur devant les hommes qu'une
telle vie, et, un jour, quelle protection
devant Dieu !

Un homme selon Dieu, c'est enfin un homme de *cœur*. Il faut ici-bas tenir haut son cœur, selon ce vœu que redit chaque matin le prêtre à l'autel du sacrifice : *Sursum corda,* élevez vos cœurs. Il faut avoir l'amour dévoué du Beau, du Bien, de l'Honneur à outrance, à tout prix ; il faut aimer son Dieu, les hommes, ses frères, son pays. N'êtes-vous pas, Monsieur, cet homme de cœur ? Auquel de ces grands amours votre cœur est-il étranger ? Vous aimez, et l'on vous aime. Comme ce jeune homme dont il est parlé dans l'Évangile et que Jésus aima du premier regard : *Jesus intuitus eum, dilexit eum ;* après un seul regard aussi, l'on est porté vers vous. Pour moi, après la première étreinte de mains échangée avec vous, je vous avais reconnu ce don charmant du cœur : aujourd'hui, je vois bien que je ne m'étais point trompé. Oui, Monsieur, vous savez aimer. Enrôlé sous la bannière du grand Apôtre de la charité contemporaine, vous connaissez le chemin qui mène à la mansarde du malheureux, vous

savez laisser là un peu de pain, et, ce qui
vaut mieux, une éternelle espérance !
Vous aimez votre patrie : au jour de ses
détresses, vous étiez sous les murs de
Metz assiégée, vous avez fait noblement
votre devoir ; volontiers, comme un jeune
héros qui se trouvait là aussi, vous auriez
écrit du rempart à votre mère : « Je mûris
» sous le feu ; cela est beau, cela élève
» l'âme. Il me semble que je deviens
» un brave garçon complet !... Vive la
» France !... »

Voilà, Monsieur, ce que vous êtes
avant tout, un homme selon Dieu.

Dieu vous devait donc une grâce : il
vous l'envoie à cette heure. Comme jadis
à Adam, sous les délicieux bosquets de
l'Éden, il vous a fait une compagne, une
aide qui vous ressemble : *Faciamus ei ad-
jutorium simile sibi*. La voici, elle est à vos
côtés, elle aussi est une femme selon Dieu.

La plus humble des fleurs de nos jar-
dins a beau se cacher : ses doux parfums
la trahissent toujours. Aussi, ne soyez pas

surprise, Mademoiselle, si nous savons à
quelle bonne et chrétienne famille vous
appartenez, si nous savons les aimables
vertus qui vous distinguent. Je vois d'ici
votre honorable père de qui l'on pourrait
dire comme de ce vieux et intègre citoyen
de Rome : « On détournerait plutôt le so-
leil de sa route que cet homme de bien du
chemin de la justice ! » Je vois votre mère
si dévouée, si tendre, si attachée à sa foi ;
— et cette vénérable aïeule, qui, oubliant
le poids des années, n'écoutant que son
amour pour vous, n'a pas reculé devant le
dur sacrifice de vous suivre à Bourges,
pour vous y aider de sa vieille expérience
et de ses soins empressés. Je voudrais voir
encore près de vous, en ce moment, cette
pieuse tante qui, sous l'humble habit des
Filles de la Charité, cache un cœur bien
riche en dévoûment : mais elle a dû rester
au loin, à son poste d'honneur, dans une
ville qui ne saurait lui marchander ni l'es-
time, ni l'affection, ni la reconnaissance.

Entourée de si beaux exemples domes-
tiques, Mademoiselle, il vous a paru que

votre devoir était de les suivre et de les continuer. Vous avez eu raison. Déjà vous êtes cette « femme forte » que l'Écriture a louée et dont la louange sera également ici la vôtre.

Aimante, « vous remplirez de joie le cœur de votre époux ».

Sensible, « vous serez pour lui comme un ange descendu du ciel, qui n'aurez pas d'ailes, il est vrai, mais qui, de plus que l'ange, aurez des larmes ».

Laborieuse, « vous vous appliquerez à travailler de vos mains. Semblable à un vaisseau marchand qui porte de loin toutes ses provisions, vous attirerez, de tous côtés, des biens dans votre maison ».

Compatissante, « vos bras, qui sont infatigables au travail, s'étendront souvent, chaque jour, en faveur des pauvres que vous soulagerez dans leur misère ».

« Et vos enfants, charmés de votre sagesse, se lèveront, ils s'écrieront publiquement que vous êtes heureuse, que vous êtes digne de l'être ! Et votre époux, joignant ses louanges aux leurs, vous dira :

« Beaucoup de femmes ont enrichi leur
» famille, mais vous les avez toutes sur-
» passées par d'autres richesses qui vous
» sont plus personnelles. Les grâces sont
» trompeuses ; la beauté n'est qu'un vain
» éclat ; mais une femme qui craint le Sei-
» gneur doit recevoir de justes éloges ! »

Et maintenant, Monsieur et Mademoiselle, approchez. Je ne veux plus retarder
d'une seule minute encore votre bonheur.
Je veux seulement, au nom de vos parents
et de vos amis, en mon propre nom, laisser
échapper de toute la plénitude de mon
cœur ce simple vœu qui les résume tous :
Que Dieu soit avec vous !

Avec vous, ce matin, pour accepter votre
promesse nuptiale, et la sceller dans son
amour pour le temps et pour l'éternité !

Avec vous, dans les bénédictions, les
souhaits, les désirs heureux, les espérances
de ce beau jour !

Avec vous, demain, quand vous retrou-
verez les fatigues du travail et les luttes
de la vie !

Avec vous dans vos chagrins, pour les consoler ! Avec vous dans vos joies, pour les sanctifier ! Avec vous dans vos désirs, pour les rendre féconds !

Avec vous, dans une postérité sainte et pure, qui soit votre gloire et votre félicité !

Oui, que Dieu soit avec vous ! *Que Dieu soit avec vous toujours !* Amen.

PETIT MEMENTO

La bénédiction nuptiale a été donnée, à onze heures précises, par M. l'abbé Rebrioux, aumônier militaire, assisté de M. l'abbé Petit, vicaire à la Cathédrale. La messe de mariage a été dite ensuite par M. l'abbé Augonnet, aumônier de l'Œuvre de la Jeunesse de Bourges. — Assistance sympathique et nombreuse, entièrement composée de parents et d'amis ; des chants, accompagnés sur l'harmonium par M. G. Delaroche, et dits par M. F. Charlet, ont ajouté à l'éclat de cette belle cérémonie.

Témoins du Marié : M. Hippolyte Sire, imprimeur à Bourges ; M. André Bichon, employé à la Trésorerie générale.

Témoins de la Mariée : M. Alexandre Durin, conducteur des ponts et chaussées, directeur de l'Œuvre de la Jeunesse de Bourges ; M. Hippolyte Chantelat, entrepreneur de menuiserie à Bourges.

Membres de la Famille présents au Mariage : Mme Veuve Billaud, Mlles Olympe et Clotilde Billaud, de Châteauroux. — M. et Mme Meunier, Mme Vincent, M. Gustave et Mlle Jeanne Meunier, de Dun-le-Roi ; M. et Mme Filoux, M. Charles Filoux, de Nérondes ; M. et Mme Hippolyte Chantelat, M. Adolphe Chantelat, de Bourges ; Mlles Marguerite Droingt et Marie Jubin, de Dun-le-Roi.

/2

www.ingramcontent.com/pod-product-compliance
Lightning Source LLC
LaVergne TN
LVHW021814060726
842528LV00004B/1320